U0452751

孩子，你是在为自己努力

管不住自己怎么办

黄莹 何一月 编

科学普及出版社

·北京·

图书在版编目（CIP）数据

孩子，你是在为自己努力. 管不住自己怎么办 / 黄莹，何一月编. -- 北京：科学普及出版社，2023.6（2023.7 重印）
 ISBN 978-7-110-10619-8

Ⅰ. ①孩… Ⅱ. ①黄… ②何… Ⅲ. ①心理健康—健康教育—小学—教学参考资料 Ⅳ. ①G444

中国国家版本馆CIP数据核字（2023）第086347号

目录

生活篇

- 零食取代了正餐……………………………………… 02
- 晚上玩手机，不想按时睡觉…………………………… 06
- 爱睡懒觉，起床难……………………………………… 10
- 贪玩好动，管不住自己………………………………… 14

学习篇

- 听课注意力不集中，老爱走神………………………… 20
- 总是考试之前临时抱佛脚……………………………… 24
- 需要在父母的监督下完成作业………………………… 28
- 不感兴趣的科目不想学………………………………… 32

情绪篇

- 没有耐心听别人把话讲完⋯⋯⋯⋯⋯⋯⋯⋯⋯ 38
- 过于敏感，总是被惹恼⋯⋯⋯⋯⋯⋯⋯⋯⋯ 42
- 性格暴躁，爱发脾气⋯⋯⋯⋯⋯⋯⋯⋯⋯⋯ 46

习惯篇

- 丢三落四的毛病怎么改⋯⋯⋯⋯⋯⋯⋯⋯⋯ 52
- 缺乏时间观念，总爱迟到⋯⋯⋯⋯⋯⋯⋯⋯ 56
- 做事马虎，不认真⋯⋯⋯⋯⋯⋯⋯⋯⋯⋯⋯ 60
- 做运动太累了，不想动⋯⋯⋯⋯⋯⋯⋯⋯⋯ 64

计划与行动篇

- 不懂规划，遇事手忙脚乱……………………… 70
- 如何解决光想不做的问题……………………… 74
- 做事虎头蛇尾，没法坚持到最后……………… 78
- 我还小，需要规划未来吗……………………… 82

生活篇

NO.1 零食取代了正餐

小·朋友说

超市里五花八门的零食总是吸引着我,我每次路过都想多买上几包,回家慢慢享用。我虽然饭菜吃得不多,但是很能吃零食,吃到撑也不愿意停。到吃正餐的时候,我往往很不情愿地来到饭桌旁,一是觉得饭菜实在太乏味了,二是吃零食已经吃饱了,没有再吃饭的欲望了。最终,零食取代了正餐。现在想想似乎不太健康,可是怎样解决呢?

心理疏导

零食往往有着华丽的包装、诱人的味道,小朋友非常容易被它迷惑。但是,事物往往具有两面性,我们不能只看它的外表,而忽略内在。零食往往没有太多营养,而且含有大量添加剂,可以说是非常不健康的,尤其是不能满足我们身体发育的需要。如果已经到了用零食取代正餐的地步,那么改变饮食习惯就很迫切了。不过,认识到这一点就已经完成最重要的一步了,接下来需要我们再付出些努力。

不良心理反应

- 饭菜没有零食好吃，我要吃零食，才不要吃饭呢！
- 吃零食已经吃饱了，可以不用吃饭了。
- 零食一吃就停不下来，改不了就不改了吧。

积极心理暗示

01 零食非常不利于我的身体健康，无论如何要少吃。

02 饭菜其实也挺好吃的，零食只是比较能刺激味蕾。

03 通过一些积极的办法，我一定能改掉总吃零食的坏习惯。

行动指南

1. 看视频了解零食从哪儿来

零食究竟是怎样一种存在，让那么多人欲罢不能？对于零食，我们了解得实在是太少了。零食究竟从哪儿来？我们可以让爸爸、妈妈帮忙找一些相关的介绍视频，从根源上认识一下零食，看看它是怎样被制作出来的，是由哪些物质组成的，以及会不会影响我们的身体健康，并且是如何影响的。这样对零食有一个更全面、更直观的了解之后，我们再决定要不要继续吃零食。

2. 和爸爸、妈妈一起做饭

参与感会给我们带来快乐和成就感，因此积极地参与到做饭的过程中，可以让我们更加享受吃饭的过程。一蔬一食，从食材选择，到清洗准备，再到煎炒烹炸，看着生食一步步变为香气扑鼻的饭菜，这个过程会让我们更加珍惜和享受饭桌上的用餐时间。而且，这样做还有一个好处，就是大家可以根据或参考你的意见，开发出更多饭菜的做法和搭配。

3. 寻找零食替代品

零食中很大一部分是垃圾食品，吃的时候往往一时爽，但吃过之后则会影响身体的健康。而健康的食物在适量食用的情况下就不会有不适感。因此，我们可以寻找一些零食的替代品，例如含有多种维生素和矿物质的清甜的水果和蔬菜，含有蛋白质的蛋奶和坚果，含有膳食纤维的全麦制品和豆类食物等。每天早上食用一些健康的食物，开启健康的一天。

心理学小课堂

　　一吃零食就停不下来，以至于零食取代了正餐，这不仅是一种不健康的饮食习惯，还体现了我们自控力的不足。自控力通俗来说就是自我控制的能力，是指一个人对外界诱惑及自身行为习惯的一种控制。自控力也可以说是自律能力，是一个人意志力的集中体现，也是我们做事情能够取得成功的必备要素。

　　改正不良的饮食习惯没那么简单，但从我们意识到这是一个问题开始，就有了解决它的可能。首先，自控来源于了解。了解零食是什么，有哪些影响，了解零食与饭菜的区别，以及自己的身体最需要什么，这些会辅助我们做出判断和决定，加强我们的自控意识。之后，我们可以通过积极的行动来加强自控，比如参与做饭、每天少吃一点零食、用健康的食物代替零食等。这样，通过改变这个习惯，来提升我们的自律能力。

NO.2

晚上玩手机，不想按时睡觉

小朋友说

我放寒假在家养成了玩手机的习惯，即便有规定的学习任务要完成，还是忍不住沉迷在手机的世界里，仿佛眼睛和手机之间有一种磁力，拿起手机就能忘记一切现实世界的事情。我最近又迷上了手机游戏，每天晚上都要玩一个多小时，根本不想睡觉。开学了，晚上玩手机不睡觉，白天就会困倦。这个习惯要怎么改呢？

心理疏导

手机娱乐功能强大，而且为了吸引人使用而不断地更新，增强与人的联系，确实容易让人痴迷和上瘾。现今社会，手机不离身已经成为普遍现象，在这种情况下我们更要学会辨别使用手机的利弊。手机是一种工具，我们使用工具是为了方便生活，而不应被手机控制。沉迷于手机，以致打乱或毁掉自己的现实生活秩序，便是得不偿失了。现在我们意识到了沉迷手机的害处，接下来通过一些小方法来戒掉它吧。

不良心理反应

| 不玩手机就觉得心里空落落的，还是玩吧！ | 爸爸、妈妈总看手机，我也可以玩。 | 睡觉太无聊了，不如玩手机游戏。 |

积极心理暗示

01 玩手机可以，但不能影响正常的学习生活。

02 找一些其他活动代替玩手机。

03 总玩手机不睡觉对眼睛和大脑都有害，玩手机还是要适度。

行动指南

❶ 把手机放在卧室外面

哈佛大学研究表明,手机散发出的光线,特别是蓝光,会抑制褪黑激素的分泌,从而影响睡眠,增加人体重大疾病的发生概率。褪黑激素是大脑深处一个像松果般大小的松果体分泌出来的激素,可以把它理解为"体内安眠药"。夜间褪黑激素水平的高低,直接影响睡眠的质量。因此,晚上我们尤其要远离手机。可以尝试晚间把手机放到卧室以外的地方,在卧室里读读书就安心睡觉。

❷ 外出活动,走路散心

周末和每天的晚饭后,我们一般会有大段的自由时间,这是可以由我们自由支配、充分利用的时间。可是,你有没有发现,用这些时间来玩手机,时间就会飞逝而过;相反,如果我们外出散心,或爬山,或和爸爸、妈妈去公园散步,事后回想起来都会有愉悦的感觉。我们可以尝试一下这样做,并且记住这种感觉,然后就会慢慢地减少玩手机的频率了。

❸ "不玩手机"挑战

小朋友往往因为爸爸、妈妈总看手机而开始模仿,自己也要玩。实际上,爸爸、妈妈看手机,有时是在解决一些工作问题,或者是为了获取更广泛的信息和知识,并且爸爸、妈妈在使用手机时会有时间控制,不会影响到正常的工作和生活。当然,总的来说,总看手机对身心还是弊大于利的。我们可以在家庭内部开展"不玩手机"挑战,限制每天玩手机的时间,和爸爸、妈妈一起慢慢戒掉对手机的依赖。

心理学小课堂

当今社会，"放不下手机"已经成为人们的一个重大问题。对手机的依赖其实是一种典型的行为上瘾。手机功能强大，可以极快速地满足我们的需求，填补空闲的时间和空虚的心，但这些都是短期的功用。从长远来看，沉迷手机事实上浪费了我们大量的时间，导致我们没有时间去处理更多更重要的事情，也越来越难以专心在其他事情上，这对于我们的长远发展来说是弊大于利的。

行为上瘾是自控力低下的表现。有时我们明明知道玩手机不好，但还是控制不住自己。这时，我们要做的不是放任自流，而是培养更强大的意志力，采取一些有效的手段来帮助我们摆脱手机的控制，实现自我控制。

NO.3

爱睡懒觉,起床难

小朋友说

每天早上该起床的时候,我都还沉浸在梦境中,要强行从梦中醒来真是有点痛苦。爸爸、妈妈说我是起床困难户,我承认自己确实是贪恋被窝的温暖,每次起床都要挣扎好久。我也清楚,起床后有很多重要的事情要做,但就想拖延一会儿,让自己晚一点面对现实,虽然最终还是要起来的。睡懒觉是一种懒惰的行为吗?这种习惯要怎么改?

心理疏导

早晨睡懒觉是很多人的习惯,里面确实包含懒惰的因素。但小朋友们也不必因此过于自责,因为惰性也是人性的一部分。但勤奋自律的人可以克服自身的惰性。如果你也想成为一个优秀的孩子,那就要养成早睡早起、作息规律的好习惯,不能屈从于自己的惰性。否则,小小年纪便养成懒惰的毛病,长大以后懒懒散散,很有可能会一事无成。

不良心理反应

爱睡懒觉只是小毛病而已,改不了也没关系。

我不想在没睡醒的情况下起床。

我承认自己是个小懒猫,那又怎么样?

积极心理暗示

01
要按时上学,必须早点起床,否则每天早上都会慌慌张张的。

02
只要晚上早点睡,就一定可以改掉睡懒觉的坏习惯。

03
想成为一个自律的人,就从不睡懒觉做起吧。

⭐ 行动指南

❶ 晚上早睡，备好第二天的衣物

早上睡不醒，不想起床，往往是因为夜晚没有睡够。一般来说，小学生每天睡足10个小时，才能恢复精力。因此，我们要杜绝熬夜打游戏，或者太贪玩而把作业放到临睡前做的情况。睡前把第二天要穿的衣物和书包整理好，摆放出来，也有助于我们第二天愉快地起床。因为这样就不会在醒来时想到有好多事情要做而不愿起床了。

❷ 拉开窗帘，做做伸展运动

昏暗的光线容易使人昏昏欲睡，因此在早上醒来后，立即把窗帘拉开，让清晨的光线照射到卧室里，这样就可以驱走昏睡的氛围。另外，可以面向窗户，做做深呼吸及伸展运动，看看楼下和街上活动和行走的人们，感受清晨的朝气，这些都可以使你清醒。

❸ 把闹钟放在距床较远的位置

爱赖床的小朋友，往往给自己定下闹钟，早上闹钟铃声一响就立刻按停，倒头接着睡，这样定闹钟的意义也几乎没有了。因此，我们最好不要把闹钟放在触手可及的床头，而要将闹钟放在距离床头较远的地方，必须爬起来走一段距离才能碰到，这样在行走的过程中，大脑清醒了，起床也变得容易了。

心理学小课堂

　　心理学家认为，早上起床困难，是因为清晨临近起床时，人在心理上留恋最舒服的状态，不愿离开温暖的被窝。然而我们都知道，一日之计在于晨，早上是集中精力最好的时间段。每天早早起床，把一天当中精力最充沛的时光留给自己，让自己有充足的时间洗漱、晨练、吃早饭，轻轻松松到学校上课，学习才更有效率。这样，我们的生活才能进入良性循环。

　　让生活步入良性循环，要靠自律。早睡早起、作息规律是自律的第一步，我们不能任由自己懒惰散漫。经验告诉我们，懒惰的人大都一事无成，勤奋自律的人才能开启美好的人生。现在我们正处在学习打基础的阶段，应当学会自己管理自己。我们坚持每天早起，保证日日精力充沛，天天神清气爽，才会发现自律的人生有多么美妙。

NO.4 贪玩好动，管不住自己

小朋友说

我是个贪玩的孩子，一天到晚老想着玩，什么也不顾。我经常和小伙伴追逐、蹦跳。有一天我们玩游戏，我追打他的时候，不小心把家里的镜子打碎了。妈妈下班回来狠狠地数落了我一顿，说我整天上蹿下跳像猴子一样。唉，活泼一些也不对吗？

心理疏导

小朋友，你不必为此过于苦恼。其实，小孩子调皮贪玩、活泼好动是正常的。儿童不同于大人，不可能像大人那样规规矩矩、严肃端庄。爱玩本身不是问题，只要没有达到玩物丧志的地步就好。但是，尽量不要闯祸，给爸爸、妈妈造成困扰。童年时期，能无忧无虑地玩耍，本身是一件很幸福的事，好好珍惜这段美好的时光吧。

不良心理反应

- 我就是活泼一点而已，难道这也有错？
- 我不乖巧，是个坏孩子。
- 大人都不喜欢我，因为我是个淘气包。

积极心理暗示

01
爱玩没有错，大多数小孩都贪玩，有节制地玩，不耽误正事就好。

02
我也有懂事乖巧的一面，只是比其他小朋友调皮一点罢了。

03
大人们没有讨厌我，只是觉得我太闹腾了，我以后尽量安静一点。

行动指南

1 培养其他兴趣爱好

除了游戏之外，世界上还有很多有意思且更有价值的事情。单纯地玩耍常常会闯祸，我们不妨培养一些其他兴趣爱好，比如学习一种乐器、打篮球、打网球、绘画、跳舞，等等。这些兴趣爱好不仅能充实我们的生活，还可以陶冶情操、锻炼意志。另外，和爸爸、妈妈一起到森林公园徒步爬山，边欣赏自然美景，边体会游玩的乐趣，也是一种很好的选择。

2 尝试玩一些益智类游戏

游戏不止有体力上的，还有脑力上的。体力上的游戏，比如跑跳、追逐等，能起到增强体质、提升肢体灵活性的作用。而动脑筋的益智类游戏，则可以锻炼我们的思维能力，可以更好地开发我们的智力。这类游戏有数独、围棋、象棋、猜谜语，等等。做这些游戏可以边玩边学，提升自己，何乐而不为呢？

3 在安全的范围内玩耍

日常生活中，贪玩好动并不会直接导致爸爸、妈妈对我们的不满，往往贪玩好动导致闯祸后，我们才会受到责罚。因此，我们一定要在安全的范围内玩耍。比如，不去触碰易碎品和危险物品，不在障碍物过多的空间打闹，不参与任何危险、刺激的游戏，等等。在安全的环境中玩耍，才能玩得尽兴，并且不给爸爸、妈妈造成困扰。

心理学小课堂

　　心理学家马克·罗森茨威格用小白鼠做过一个经典的动物实验。研究表明，有各种玩具、充分享受玩耍乐趣的小白鼠智力更高；而缺乏刺激、不能玩耍的小白鼠比较老实，大脑发育相对较差。由此得出结论，无论是动物还是人，玩耍得越充分，大脑越聪明，智力发展越好。

　　著名教育家陈鹤琴曾经说过："小孩生来就是活泼好动的，是以游戏为生命的，游戏是幼儿的基本活动，对于孩子来说，游戏就是生命，生命就是游戏。"因此，小孩子玩耍是正常的，贪玩的孩子通常更有创造力，想象力也更丰富。小朋友不必因为大人批评而难过，只要保证不闯祸，不因沉迷于游戏而耽误学习，就可以快快乐乐地玩。

学习篇

NO.1 听课注意力不集中，老爱走神

小朋友说

上数学课时我总是不能集中注意力，思绪常常不知不觉就飘远了。尤其当老师讲到一些复杂、枯燥的知识时，我跟不上老师的思路，便更加走神。有时我会仔细观察老师的面部表情或者动作，有时会默默地想自己的事情。集中精力对我来说越来越难，我也知道长此以往是不行的，可是要怎样克服呢？

心理疏导

上课容易走神是很多学生的通病，原因是多方面的。可能是因为厌学，也可能是因为专注力不够，自控能力不强，还有可能是课程有一定难度，或者有些枯燥。要想改变这种状况，需要从自身着手，首先要端正学习态度，认识到学习的重要性；其次可以使用一些小方法，提高专注力。

不良心理反应

- 老老实实坐着听课太没意思了，干脆自己找点乐趣吧。
- 我永远没办法专心听讲。
- 我是一个聪明的孩子，即使一心二用也能学到东西。

积极心理暗示

01 认真听一听老师讲的内容，其实还是挺有趣的。

02 找到提升注意力的方法，就不会走神了。

03 上课走神不仅浪费时间，还会遗漏掉很多知识点，得不偿失。

行动指南

❶ 积极回答问题

对于不爱听课的小朋友来说，一堂课十分漫长，自始至终不走神是很难办到的。积极回答老师提出的问题，有助于集中注意力，让思维回到正轨上来。我们主动回答问题时，将调动大脑高效思考，而大脑高速运转，可起到提神的作用。此外，为了说出正确答案，我们会迫使自己用心听课，必然不会任由自己走神。

❷ 听不懂时不要放弃

有时候我们听不懂老师所讲的内容，心里有压力，思绪会发生转移。其实刚刚接受全新的知识，不能马上消化理解，是很正常的。听不懂时不要放弃，让自己专注地听下去，也许坚持几堂课，新旧知识点融会贯通，我们会豁然开朗，之前晦涩难懂的东西突然就懂了。

❸ 训练专注力

上课爱走神说明专注力不够，没办法把精力聚焦在一件事情上。针对这种情况，可以在课下训练自己的专注力，比如限定时间聚精会神地阅读，或者全神贯注地画画。阅读和绘画尤其可以培养我们的专注力。专注力培养出来了，以后无论做什么事都不会轻易分心了，认真听讲就会轻而易举地做到了。

心理学小课堂

"注意"是指心理活动对一定对象的指向和集中,分为有意注意和无意注意。专注指的是前者。人的意识活动对特定对象集中,努力维持注意,就是我们经常强调的专注。一个人的专注力要靠意志维持,一般而言,意志坚定、克制自律的人,才有很强的专注力。

小朋友易于被各种各样的诱惑吸引,定力不足,所以听课时常常分心。要改变这种状况,首先要学会屏蔽各种与学习无关的信息,把注意力完全集中到课堂上。其次要有意识地增强自己的意志,磨炼自己的品性,可以考虑周末在爸爸、妈妈的陪同下爬山,或者利用课余时间从事其他考验体能的活动,以磨砺自己的意志,进而增强自身的专注力。

NO.2

总是考试之前临时抱佛脚

小朋友说

我平时学习不用功,喜欢考试前临时抱佛脚。考试之前,我会一改往日的懒散,每天晚上做题做到很晚,可谓挑灯夜战。可是,短短几天时间,要把一个学期所学的东西全部弄明白,几乎是不可能的事。由于我功底弱,没有把知识完全吃透,考试时遇到灵活一些的题就不会答了,虽然偶尔可以拿高分,但多数情况下都考得不理想。

心理疏导

大考之前临时抱佛脚,进行突击复习,可能对考试有所帮助,但学习效果十分有限,未必能帮助我们取得理想成绩。即便我们凭借运气偶然取得了好成绩,由于自身知识薄弱,早晚还是会被打回原形。知识需要日积月累,才能完全掌握,没有经过系统的学习,依靠考前一搏,就想超越基础牢固、功底极好的同学,是十分不现实的,更何况,平时用功的同学考前还会照样用功。因此,我们在平时要踏踏实实地学习。

不良心理反应

- 临时抱佛脚也能拿高分，平时不学也行。
- 别人学一个学期的东西，我一两周也能记个差不多。
- 平时学的东西都很简单，考前再学也不迟。

积极心理暗示

01 平时的知识积累，比考试的分数重要。

02 短时间内掌握的知识会快速地忘掉，这不是真正的好方法。

03 我不想再投机取巧了，想要一步一个脚印地完成学习目标。

行动指南

❶ 设立长远目标

临时抱佛脚的学生，多半缺乏长远目标。心中没有长远目标，只想着应付一两次考试，自然不懂得平时用功的意义。想一想自己将来要成为一个什么样的人，给自己设立一个长远的目标，然后坚定地朝着目标前进。这样，自然而然地就会端正学习态度，脚踏实地地读书学习了。

❷ 找到考试和学习的意义

很多小学生认为，考试是为了应付家长，或者为了赢得老师和同学的认可，抱着这样的心态往往学习动力不足，临时抱佛脚情况出现的比例也比较高。你要认识到，学习是为了获得知识，为了自己将来有更好的发展，不是为了应付他人，这样就不会有考试蒙混过关的想法了。

❸ 制订学习计划

学习是一个循序渐进的过程，不能一蹴而就。考前突击并不能让自己真正掌握知识，必须有步骤有规划地学习，才能学有所成。尝试每学期制订一个学习计划，认真完成课前预习、上课听讲、课下复习三个环节，争取把当天学到的内容全部弄懂弄会，有什么疑问及时向老师、同学请教，彻底改变临时抱佛脚的做法。

心理学小课堂

　　心理学上有一个著名的实验，叫作"间隔效应"实验。实验证明，在学习总时间相同，或接触学习资料次数相当的情况下，分散学习的效果更好，即分散学习的东西记得更牢更久，而短时间内被迫接受大量信息，所学内容则比较容易遗忘。换句话说，我们在一周内每天坚持学习1小时，比在一天内一口气学习7个小时，学到和记住的东西要更牢。

　　可见，考前突击复习不是正确的学习方式。采用这种方法学习，会极大地影响学习的质量。无论学什么都应该脚踏实地，一步一个脚印地走完自己的学习之路，靠走捷径取得成绩，通常经不住考验。我们要想学有所成，必须从根本上改变不良的学习方法和错误的心态，要靠持续不断的努力和辛勤的付出达成学习目标。

NO.3
需要在父母的监督下完成作业

小朋友说

我最讨厌做作业了。在家做题，经常心神不宁，注意力无法集中，遇到稍微有点难度的题就不想动脑筋，总想找爸爸、妈妈帮助。每天写作业都是磨磨蹭蹭的，如果没有爸爸、妈妈的监督，我根本没办法完成功课。我知道做作业是自己的事情，但我管不住自己，无法独立完成作业，该怎么办才好？

心理疏导

小朋友为做作业头疼，写作业拖拉，爸爸、妈妈不得不参与家庭作业，这个问题在当下很普遍。爸爸、妈妈虽然可以成为我们的帮手，可是他们不能总为我们分担学习任务和学习压力。此外，靠大人监督，才能完成作业，说明我们的自控力不够，学习能力不足，我们要想办法克服这些弱点，争取自己独立完成功课。

不良心理反应

- 我不想写作业，每次都想拖到最后一刻再写。
- 一个人就是没办法安下心来写作业，爸爸坐旁边看着，我才有点儿动力。
- 写作业是一个漫长又枯燥的事情，需要一个人陪我完成。

积极心理暗示

01 做事不能太任性随意，应该做的事不喜欢也得做。

02 自主完成作业是一件有成就感的事情。

03 写作业是我自己的事情，不能总让爸爸、妈妈陪着。

行动指南

❶ 亲手布置自己的学习空间

学习环境的美化和改善，有助于改变我们的心境，激发我们的学习动力。我们可以试着把书桌、台灯和各类辅助性学习用具换成自己喜欢的样式，在书架上摆满各类参考书和自己钟爱的书籍，将灯光调成柔和的色调，让自己沉浸在浓郁的学习氛围中。每天提笔写作业之前，先感受一下新空间给自己带来的愉悦感和舒适感，再认认真真地做功课。

❷ 享受自主完成作业的成就感

对于缺乏自制力的小朋友来说，没有大人的督促和帮忙，靠自己独立完成作业，确实是一件很有难度的事情。可是学习是自己的事情，我们不能总是依赖大人。只有自主自发地学习，学习效果才能更好。事实上，带着疑问自发地学习，有助于锻炼自己的思考能力。自己管理自己，自主完成作业，比在大人的协助下完成功课，更有满足感和成就感。

❸ 为自己而学

完成老师布置的作业，不是为了向老师交差，也不是为了让爸爸、妈妈满意，而是为了履行自己的责任。做家庭作业是自己分内的事，我们要矫正自己的心态。虽然爸爸、妈妈期望我们按时完成功课，但我们做作业并非迫于家长的压力，而是为了掌握科学文化知识，不断地提升自己的能力。

心理学小课堂

　　哈佛大学的脑科学家认为,自觉主动学习的孩子拥有开放式大脑,他们知道自己是谁,知道自己将来能成为什么样的人,能自觉地完成有意义的事情。与之相反的孩子,拥有的是防御性大脑,这些孩子通常缺乏内在驱动力,做任何事情都是为了取悦他人,无法从中找到乐趣,也没有好奇心。不能独自完成作业的孩子,多半属于后一种情况。

　　要想摆脱对家长的依赖,必须培养自己的开放式大脑。我们要弄清自己的想法和感觉,认清自己究竟是谁,对什么感兴趣,想要成为哪类人。只有从认知上发生改变,我们才能自觉地选择富有意义的学习生活。一旦我们找到了学习的乐趣和意义,即便没有家长的催促和监督,也能自觉地完成功课,以后就不会再为写作业烦恼了。

NO.4

不感兴趣的科目不想学

小朋友说

我不喜欢上数学课,平时一看到数学题就头疼,老师讲的内容我常常听不懂,渐渐有了放弃的念头。语文课对我来说简单一些,无论是学生字,还是组词造句,我都得心应手,作文写得也不错。现在我的数学成绩越来越差,妈妈说数学很重要,不管怎样,我都得认真对待。可是我实在不想学数学。我该怎么办才好?

心理疏导

每个学生都有自己喜欢和讨厌的科目,这是不可避免的。我们喜欢哪个学科,就会在哪个学科上投放更多时间和精力,对于不喜欢的科目,一点也不想钻研。这种心理很正常,毕竟兴趣是最好的老师。然而这么做,我们的知识面会变得比较狭窄,思维和视野也会受到限制,因为每门学科都能为我们提供知识的养料。偏科好比挑食,长此以往,必然会让自己在知识储备方面营养不良。因此,为了让自己汲取更多知识养分,我们最好改变偏科的习惯。

不良心理反应

- 😊 有些学科无聊透顶，我干吗要浪费时间学它呢？
- 🕐 不喜欢的科目可以不学，把其他几科学好，总成绩好就行。
- 😊 我只钻研自己擅长的学科，以后做个偏才好了。

积极心理暗示

01 兴趣是可以培养的，我以前不喜欢的学科，也许学着学着就喜欢了呢。

02 不偏科，才能全面掌握科学文化知识。

03 擅长的学科要钻研，不擅长的要补足，哪个科目都不能放弃。

行动指南

① 假装对不喜欢的科目感兴趣

心理学上的自证预言定理认为，我们坚信某事要发生时，就会主动去寻找符合自己期望的正面信息。正面信息给予我们信心，我们在信心的鼓舞下采取积极的行动，坚信的事情便会如期而来。因此，我们可以尝试改变对不喜欢的科目的态度。例如我们不喜欢数学，就可以这样暗示自己："我喜欢你，数学，你会让我的思考变得更加严密，让我变得更聪明更有智慧！"重复几遍之后，我们可能真的会觉得数学很有用，学习数学时就不觉得乏味了。

② 制订合理的目标

我们要根据自己的实际情况，制订合理的目标。有了切实可行的目标，再制订与之相匹配的学习计划。一个目标达成之后，继续以小步幅制订下一个阶段的目标。当一个个小目标全部实现，我们就对自己不擅长的学科有了信心，学习兴趣也跟着培养起来了。

③ 从学习目的入手，纠正偏科态度

如果我们觉得某门学科枯燥无味，没有学习动力，可以试着想想这门学科的价值和好处，从思想上认清我们为什么要学习它。以学习数学为例，数学是一门基础学科，可以提高我们的判断能力、思辨能力和分析能力，学好数学，我们的思维将变得更加缜密。重视数学，才能在数学考试中旗开得胜。

心理学小课堂

在心理学上,有一个"木桶理论",说的是一只木桶究竟能装多少水,不取决于最长的那块木板,而是取决于最短的木板。因此,一只木桶想要多装水,必须把短板补齐,只有让所有木板平齐,才能盛满一整桶水。在学习方面,木桶理论同样适用,我们的综合成绩是由我们最差的那门学科决定的,其他学科优秀,被最弱的学科拖了后腿,最终很难获得好成绩。

补齐短板,既要靠强大的自律能力,又要靠科学方法的引导。有时候方法得当,我们不必竭力约束自己,也能达到自律的目的。我们可以试着用自我奖赏的方式,降低对某一学科的排斥心理,使自己慢慢爱上这门学科。以数学为例,让自己玩几次好玩的数字游戏,或者买一些好玩的数学器材,周末旅游时多多关注与数学有关的事物。这些新奇的方法有助于巩固自己的行为,也许不知不觉中,我们就对数学产生兴趣了。

情绪篇

NO.1

没有耐心听别人把话讲完

小朋友说

我天生急躁，没有耐心听别人说话，不等别人讲完便急着要离开，因为这个原因，小伙伴都不爱理我了。有时候别人刚说开头，我就猜到了结尾，于是就不想听了；有时候别人的话又长又无聊，我实在不愿浪费时间。我认为自己没错，谁让他们啰啰唆唆，说话没有重点呢，像我这么急躁的人哪有耐心慢慢听完啊。

心理疏导

别人的话冗长无趣，我们确实会不耐烦。可是我们不能只考虑自己的情绪和感受，也要替别人想想。谁都不喜欢说到兴起时被打断，或者看到听众表现得不耐烦。当我们无意继续聆听的时候，最好不要把情绪表露出来，而要耐着性子听对方把话讲完，不管我们是否对他说的话题感兴趣，都不该表现得太过失礼。

不良心理反应

- 他的话太无聊了,我可没兴趣听下去。
- 明知我脾气急,还讲话那么啰唆,真够讨厌的。
- 聊天是两个人的事,凭什么他自顾自地说个没完,不让我说呢。

积极心理暗示

01 不听别人讲完话就离场很不礼貌,我不能那么做。

02 我可以克制自己,尽量耐心倾听。

03 虽然我对他说的不太感兴趣,但听听也无妨,也许还能有收获呢。

行动指南

1 学会用心倾听

我们不爱听别人讲话，是因为觉得对方的话没有价值。其实有些时候，耐心听别人把话说完，可以了解到很多自己不清楚的事情。对方说话也许不够精练，也许不够吸引人，但话里很有可能包含真知灼见，仔细聆听，将会收获一份意想不到的惊喜。学会耐心倾听，给别人一分尊重，给自己增添一分修养，何乐而不为？

2 磨炼自己的耐性

耐性是可以培养出来的，培养耐性需要持之以恒的毅力和强大的自律能力。可以试着收听有声读物栏目，每天在固定的时间收听同一个栏目，无论解说是否生动有趣，是否符合我们的偏好，我们都要坚持下去。数月之后，我们的心性得到了磨炼，倾听的耐性也就大大提升了。

3 用点头微笑的方式回应别人

赞同别人的观点，可以采用点头的方式稍做回应，让对方了解我们的态度。不认同别人的话，可以对对方报之礼貌的微笑，等到对方把话全部讲完，再陈述自己的观点。不管是否赞同，是否喜欢对方的话，先尝试着与对方互动，在积极的互动中消除消极的感受，以增强自己的耐心。

心理学小课堂

在心理学上,耐心是意志力的反映,它和主观意志、自制力和心理承受力等因素有关。耐心是可以后天培养的,只要我们在主观上乐于培养这方面的品质,愿意自我管理,自我克制,完全可以克服急躁的心态,让自己变得有耐心。

以倾听别人讲话为例,如果我们没有耐心听别人把话讲完,可以有选择地接收我们喜欢的某些信息,将多余而无意义的信息忽略掉,集中精力去关注谈话的重点。别人的话语没有结束,我们要学会调整自己的心态,尽量不去干扰对方,直到对方说完,我们再去分析和评估对方的话。

NO.2

过于敏感，总是被惹恼

小朋友说

我性格敏感，经常因为一些小事气恼。别人不经意的一个眼神、一个皱眉的表情，或者脱口而出的一句话，都会给我造成困扰。我总以为他们是有意针对我，常常忍不住生气，有时还会大声理论。有一次，我说话的时候，同桌使劲咳嗽，我觉得他肯定对我不满，我气得面红耳赤，差点和他吵起来。可他却说他咳嗽是因为最近感冒了，并没有针对我，还说我疑神疑鬼、神经过敏。我有些糊涂了，不知道是自己想多了，还是他有问题。

心理疏导

有些小朋友天生心思细腻、性格敏感，这是因为他们的感受力强于别人，善于观察细枝末节。这本来没什么，可是把细节无限放大就不好了。有时候你的怀疑是不合情理的，别人不经意的眼神和动作，很有可能没有任何含义，你做出过度的解读，并为此发脾气，很影响同学之间的情谊。所以，最好不要想太多，不要无缘无故怀疑别人，尽量心平气和地与人相处。

不良心理反应

他刚才挤眉弄眼，好像在针对我。	我不能忍气吞声，谁惹我我就要给他点颜色瞧瞧。	他什么意思？是不是看不起我？

积极心理暗示

01
他可能没有针对我，我还是不要胡思乱想了。

02
我没有必要生气，别人又没做什么。

03
我太敏感了，也许他没有瞧不起我。

> 行动指南

❶ 试着相信别人

过于敏感的人，普遍喜欢猜忌，习惯把别人当成假想敌，无法从内心深处相信别人，一点小小的风吹草动也能引起内心的波澜。针对这种情况，最好尝试着告诫自己，不要恶意揣测别人，要相信他人的善意，不去过分解读别人无心的举动，慢慢克服多疑多虑的问题。

❷ 用事实推翻猜测

过度关注别人无意识的动作表情，会让自己陷入无休止的怀疑和猜测中，那么如何迫使自己停止猜测呢？很简单，举出相反的事实，推翻不合理的猜测即可。譬如别人因病咳嗽是事实，你做出"是对我不满"的解读就是不合理的；别人因为眼疲劳眨眼，你做出"是针对我"的无端猜测就是不合理的。认清猜测的荒谬性，一切不合理的联想也就站不住脚了。

❸ 学会自己肯定自己

多疑敏感爱猜忌，是缺乏自信和安全感的表现。一个人没有自信，无法正视自己，就会过于在乎外界的评价，总认为别人讨厌自己。唯有树立自信心，学会肯定自己，才能用平和的心态面对别人的评价，改变敏感的性格特点。人只有学会从内部汲取力量，才有能力抵御外部世界的伤害。

心理学小课堂

从心理学上讲，猜疑心理重的人，一般自我牵连倾向重。他们总认为所有发生的事情都与自己直接相关，故而常因为他人无意识的言行而被激怒。生活中，这类人普遍存在。他们总是疑心重重，胡乱猜想，过度挖掘别人的"潜台词"，难以相信任何人，在人际交往中，让人觉得难以相处。

如果你恰好是这类人，不必太过苦恼，只要学会心理调适即可。首先，要克制自己的情绪，学会理性思考。当你怀疑别人时，不要冲动，不要愤怒，先让自己冷静下来，用理性思维思考问题，认真分析一下你的怀疑是否合理，若不合理就马上停止猜忌。其次，消除误会，努力提升个人心理品质。生活中，人与人之间难免会产生误会。假如你的怀疑毫无根据，那么你很有可能误会别人了。在发怒之前，尝试着消除误会，开诚布公地和你怀疑的对象谈谈，弄清误会产生的原因，让自己变得心胸开阔些，也许你们很快会冰释前嫌。

NO.3
性格暴躁，爱发脾气

小朋友说

我是一个暴脾气的小孩，老是控制不住自己的火气，几乎每天都要发火。妈妈做的饭不好吃，我气得把筷子扔到了地上。出去玩爸爸没给我买冰激凌，我忍不住在大街上吼叫。老师带我们玩皮球的时候，同学不小心碰到我了，我差点拿皮球砸向他。大家都说我脾气差，不喜欢我，我该怎么办？

心理疏导

小朋友，爱发脾气和爱生气，不仅会伤害别人的感情，对自己也有很多害处。生气的时候头脑发热，会做出很多不理智的行为，说出很多过分而伤人的话，严重影响自己的人际关系。此外，经常生气会损害自己的身体健康，导致一系列躯体反应。人们常说"气大伤身"，平时要保持心情舒畅，千万不要让自己的身心被怒气占据。

不良心理反应

- 气死我了，我快控制不住自己了。
- 我天生脾气暴躁，这是性格，改不了。
- 我不好惹，别人就不敢欺负我了。

积极心理暗示

01 没什么大不了的事，不值得我动怒。

02 性格不好改，但我可以学会克制怒气。

03 发脾气可不好，这样别人可能不敢接近我了。

⭐ 行动指南

❶ 了解并表达自己的情绪

仔细想一想,你是因为什么突然暴躁想发脾气的?是别人的话刺激到了你,还是你的需求没有得到满足?抑或是你感觉受委屈了?先整理清楚自己的情绪,弄清自己发怒的原因,再有针对性地消解怒气。认真和惹怒你的人谈一谈,说出自己的心理感受,让对方了解你的真实想法,这样对方就不会一而再再而三地激怒你了。

❷ 纠正负面念头

生气时你的脑海里一定装满了负面的念头,大部分想法都十分消极,以至于越想越气。这时候怎么办才好呢?先不要被负面念头纠缠住,把消极想法一一写下来,整理清楚自己的思绪。然后用积极的思考方式,逐一纠正消极的想法,把积极的想法全部记录下来,反复练习这样的操作,生气的次数会慢慢减少。

❸ 控制自己的行为

每个人都有生气的时候,但生气时的表现却各不相同。有的人愤怒时无所顾忌,喜欢大喊大叫或摔东西,表现出强烈的攻击性,而有的人则能平静地表达自己的情绪,没有任何过激行为。显然后者更加擅长控制自己的情绪和行为。我们可以试着在就要大发脾气的时候,告诉自己放松,做几次深呼吸,放松脸部和身体紧绷的肌肉,然后适度地转移注意力;平时多用运动、写日记、听音乐等方式排解负面情绪。

心理学小课堂

　　心理学家认为,发脾气是自我防卫的一种手段,一个人感觉情感受伤时,会马上启动自我防御机制,用怒气或其他方式进行自我保护。也就是说,发怒是人类的本能。每个人都有发怒的时候,只是有些人自控力比较强,情绪不外露,而有的人自控力较差,总是忍不住摆脸色。生活中,人们对于性情暴躁爱发怒的人通常存有很深的偏见,认为他们攻击性强,不值得交往,因为怀有这样的想法,会有意识地疏远对方。所以,对于脾气火爆的人来说,适度地管控自己的情绪是十分必要的。

　　心理学研究表明,情绪是可控的,性格具有一定的可塑性。平时多与人交流,多看书,给自己营造一个放松安宁的环境,心情会逐渐平复下来,情绪失控的情况会越来越少。但是控制情绪不是抑制情绪,在不伤害自己和他人的情况下,我们还是要想办法把情绪抒发出来。做运动、写日记、听音乐等方式都是排解负面情绪的积极方式。

习惯篇

NO.1

丢三落四的毛病怎么改

小朋友说

我是个粗心大意的孩子,总是丢三落四。上学忘记带作业,考试忘记带准考证,书本总是带不全,出门常常忘记带家门钥匙,整天昏头昏脑,闹出了不少笑话。同学说我毛躁,妈妈说我粗枝大叶,爸爸说我是个小马虎。我也想改掉丢三落四的毛病,不让别人担心和着急,可是又觉得改变很有难度,该怎么办才好?

心理疏导

生活中,没有谁会故意丢三落四,你不必为此责怪自己。有的小朋友天生心思细腻,总能把东西带全,所有细节都能处理好。有的小朋友比较粗心,常常忘事,以至于生活一团糟。你显然属于后者。其实,在小事上马虎问题不大,只要大事不马虎,大大咧咧的性格也挺好。所以,我们不必过分焦虑,日常生活中多留意一些细节和琐事,情况慢慢就会改善。

不良心理反应

我太笨了，又把该带的东西落到家里了。	天哪，我的脑子是不是坏掉了，怎么会这么健忘？	我没救了，丢三落四的毛病永远也改不了。

积极心理暗示

01
我这次把东西落在家里了，以后记得就好，没必要太恼火。

02
我的大脑没问题，只是性格比较粗线条而已。

03
只要平时仔细留心，我就能改掉丢三落四的习惯。

行动指南

❶ 提前把物品收归好

把物品放到合适、固定的地方，需要用它的时候，随时取用，以免要用时慌慌张张，因马虎大意遗落物品。比如，在前一天晚上就把第二天上学要用到的课本、作业、文具等提前收归到书包里，将钥匙放到衣服的口袋里，把所有可能用到的东西安置好。

❷ 学会制作备忘录

在日记本上制作一个备忘录，用以记录重要物品的位置信息。随时查看信息，设置提醒的标语，配置一些可爱醒目的简笔画，让自己一看即懂。通过备忘录功能，慢慢纠正自己丢三落四的不良习惯。

❸ 出门前检查要带的物品

每天出门之前，花几分钟时间仔细检查一遍，看看有没有什么重要物品落在了家里。把检查物品的环节当成例行习惯，确保重要的东西全部带齐再出发。一般来说，小学生的必备物品包括课本、各类学习用品、家庭作业、纸巾、钥匙等，考试之前还要带上准考证。

心理学小课堂

　　生活中丢三落四的人，往往生活没有规律，自律性不强。这是习惯上的问题，大都是主观原因造成的。从心理学角度讲，一个人平时比较随意懒散，不重视生活细节，对秩序感毫不在意，最容易养成马虎粗心的毛病。那么该怎样克服这个问题呢？

　　必须从心态上改变自己。诸如归放物品这类小事，我们要予以重视，不能随手乱丢东西。不管做什么事情，我们都要认真仔细，平时要培养自己的条理性，无论干什么都要有次序。一旦我们把一件件小事处理好，生活变得井井有条，马虎大意的问题就会得到改善，丢三落四的烦恼就不会再困扰我们了。

NO.2

缺乏时间观念，总爱迟到

小朋友说

从小学一年级开始，我上学就经常迟到。现在都上四年级了，老毛病还是改不掉，每天都要躲着老师责备的目光进教室，羞愧得想要找个地缝钻进去。上学是这样，其他事情也是这样。有一次，学校组织春游，同学们早早集合了，我却迟到了，差点错过校车。大家都嫌弃我不守时，我也想改，可是改不了怎么办？

心理疏导

迟到可不是好习惯，不要认为迟到是小事。经常迟到，反映的是你思想和行为的惰性，说明你没有时间观念，没有按时落实计划的习惯。别人会以为你懒懒散散，不守信用，对什么都不在乎，渐渐地会对你形成不良印象。因此，无论做什么事，都要周全考虑，凡事提前做好准备，不要等到来不及的时候，再仓促行动。

不良心理反应

- 还早着呢,不用着急,过会儿再说吧。
- 迟到几分钟而已,别人不会怪我的。
- 我总是晚到,大家很清楚,干脆就晚点来吧。

积极心理暗示

01 遵守时间是一项最基本的品质,我要培养起来。

02 不迟到可以更轻松,可以有充足的时间调整自己的状态。

03 总是迟到会给人留下拖沓、懒散的印象,不能再迟到了。

行动指南

1. 改掉拖延的毛病

做不到守时，总是迟到，很有可能是拖延导致的。仔细想一想，你是不是喜欢把事情放到最后一刻再做？总是觉得时间够用，临近最后一刻手忙脚乱，已经来不及了。针对这种情况，要克服自己爱拖延的弱点，该做的事情马上做，别给自己找借口。努力培养自己干脆果断的个性，做事别再磨磨蹭蹭、拖泥带水。

2. 用倒推法算好最佳出门时间

作为一个经常迟到的小孩，除了提升自己的自控力之外，你还要付出很多努力，比如提前做好规划，增强自己的责任心。例如，你和别人约好周末上午10点见面，必须保证自己在9点50分之前到达，要算好坐车时间和步行时间，还要考虑堵车等意外情况。用倒推法算好最佳出门时间，以此来保证自己按时赴约。

3. 将任务分解成具体的步骤

遇到一个新任务，我们可能无法精确预估需要花费的时间。这时，我们可以把它拆分成若干个具体的步骤，预估每个步骤消耗的时间，耗用时间的总和就是完成整体任务所需的时间。采用这种方法估算时间，比靠经验和直觉估计时间要可靠得多，这对我们的时间管理有很好的帮助。

心理学小课堂

　　人们为什么会习惯性迟到呢？心理学家认为，这是因为我们在估计时间时产生了偏差。而这种偏差是由对时间的现实感和计划谬误导致的。不同的人对时间的现实感是不同的。我们主观上感知的时间和实际时间往往不相符。通常情况下，处事松散的人会在主观上把时间加长，短短一分钟时间可能被估算成77秒。由于总觉得时间够用，就会做出错误的行程安排。性格散漫的人还有一个特点，即经常低估自己完成某件事花费的时间。因为总是觉得自己有能力在短时间内把要办的事情搞定，就表现得不慌不忙，结果在计划管理上出现了差错。

　　想要解决习惯性迟到的问题，必须转变自己的观念，进而纠正对时间预估的偏差，我们可以试着改变散漫的习性，加强自律。这样对时间的现实感就会发生变化，我们感受的时间会比实际时间短，有了紧迫感，就会抓紧时间行动。在估算计划所需时间时，我们可以将自己的办事时间估计得多一些，认为需要花费更多时间，才能完成某事，有了压力，就会合理调整计划。

NO.3

做事马虎，不认真

小朋友说

我性格比较急，做什么事情都想早点干完，所以总是草草了事。我写作业速度飞快，写的生字缺笔少画，抄题都会抄错；我刷碗没耐性，三下五除二就刷完了，洗洁精都没冲洗干净；我在学校做值日，黑板擦不干，地也扫不干净，很多工作都得让别人重做一遍。老师、同学说我马虎、做事态度不端正。妈妈说我粗心急躁、什么事情也干不好。我也想踏踏实实地做事，可就是改不了浮躁的性格，不知道怎么办。

心理疏导

做事马虎不认真，既是性格问题，也是态度问题。无论干什么，都得把事情干好，不能只图快。单纯追求速度，不可避免要影响质量。快速干完事情并不是最重要的，把事情做得尽善尽美，才是赢家。此外，做事马虎是一种不负责的表现，小事上马虎或许不会付出什么代价，等到长大了，在工作中马马虎虎，很有可能会出大事。因此，从现在开始必须改掉马虎大意的坏习惯。

不良心理反应

- 我什么也不想干，敷衍了事、蒙混过关就行了。
- 差不多就行了，用不着那么认真。
- 不爱干的事早点应付过去，剩下的时间我还得玩呢。

积极心理暗示

01 不管做什么，我都得认真干。

02 我要严格要求自己，不能再那么毛毛躁躁了。

03 做事不能只图快，把事情干好才行。

⭐ 行动指南

❶ 认真完成每一件小事

人们常说，一滴水能折射太阳的光华，一件小事也能反映出你做事的态度。从今日起，把每一件小事认认真真做好，决不允许自己敷衍应付。做值日时每个角落都要打扫到位，不能匆匆忙忙，更不能让别人替自己返工。写作业时每一行字都认真写，每一道题都认真计算，切不可粗心大意。

❷ 保持适度紧张情绪

我们或多或少都有这样的体验：考试前时常提醒自己要认真答题，可是由于心情紧张，做题总是疏漏百出，事后后悔不迭，只怨自己粗心。可见，情绪过度紧张，就有可能变得粗心。心理学研究表明，过度紧张，或毫不紧张时，我们的智力操作效率都是最差的，而中等程度的紧张，将促使我们的智力操作效率处在最佳状态。因此，让自己保持适度的紧张感，是预防粗心的一个好办法。

❸ 养成检查的好习惯

马虎和细心是相对的。有的人天生心细如发，有的人天生不拘小节。假如你平时不爱关注细节，做什么事情都无法做到位，改变起来可能十分困难。针对这种情况，可以考虑多做一些检查，做完事情认真检查几遍，看看有什么错误和疏漏，争取把所有漏洞填补上，以弥补自身的不足。养成检查的好习惯，对解决做事马虎的问题很有帮助。

心理学小课堂

生活中，很多人马马虎虎，做事总是漏洞百出，这是为什么呢？心理学家认为，我们重视某事，大脑皮层将产生强烈的兴奋灶，我们就会专注于某事，全心全意把它做好。反之，我们不太重视某事，大脑皮层的兴奋灶比较弱，那么出现差错的概率就会增加。换句话说，我们重视的事情，就会认真完成；我们之所以做事马虎，是因为对这件事情的重视程度不够。

小朋友大都比较重视自己喜欢的事情，对自己不太喜欢的事情，比如学习和劳动，重视程度往往不够。所以，做功课和参加劳动时，往往比较马虎。针对这种情况，我们应当从心态上纠正自己，在日常生活中，要发自真心地重视学业和劳动，慢慢改掉马虎大意的坏习惯。

NO.4

做运动太累了，不想动

小朋友说

同学都喜欢踢球、打羽毛球，每天玩得热火朝天，我却一点也不喜欢运动。体育课上，老师宣布自由活动，我常躲在角落里偷懒。平时，我也没有体育锻炼的习惯，主要是觉得运动过后太累，不仅四肢酸痛，还会出很多汗。由于缺乏锻炼，我的身体素质越来越差，天气稍微有点变化我就感冒发烧，把功课都耽误了。爸爸强迫我晨跑，我很抗拒，不知道该怎么办。

心理疏导

小朋友不爱运动，是因为运动消耗体力和能量，不是一件轻松容易的事情。长时间不动，突然尝试跑步之类的运动，肌肉肯定酸痛，身体也会十分疲累，这说明在短时间内机体不适应运动的状态。事实上，只要坚持体育锻炼，这种情况就会消失。万事开头难，我们一旦开始运动，可能就会慢慢爱上运动。

不良心理反应

比起体育锻炼，学校更重视我们的学习成绩，我没必要浪费时间运动。

我天生不爱动，没必要勉强自己。

我也想适度运动一下，可是最近太懒了，什么时候想动再动吧。

积极心理暗示

01

运动有益身体健康，我要积极参与体育运动。

02

我不好动，也要适度参加体育锻炼。

03

懒散不是借口，从今天开始，我要养成勤于锻炼的好习惯。

⭐ 行动指南

❶ 从可能喜欢的运动项目入手

你排斥运动，是因为没有体验过运动的乐趣，兴趣不足。实际上，体育运动不像你想象得那么无聊，很多项目你都没有亲身体验过，一旦接触了，想法很有可能随之改变。你可以根据自己的性格特点和兴趣爱好，从一些比较容易上手又相对有趣的运动项目入手，如果对传统的运动项目无法产生兴趣，可以尝试骑单车、爬山、游泳等项目。

❷ 设立合理目标，坚持到底

运动的过程并不都是轻松愉悦的，以跑步为例，在长跑过程中，小腿会酸痛无力，膝盖也会很不舒服，达到某个"临界点"，我们的身体将感觉无比疲惫。这种情况是目标不合理造成的。我们可以先给自己预设一个可承受的小目标，然后靠自律的力量坚持下来，让自己有一个良好的开端。

❸ 和爸爸、妈妈或同学一起运动

一个人运动通常比较无聊，很难长久坚持。和爸爸、妈妈一块运动，全家一起健身，一起燃烧热量，整个过程会有趣得多。早晨，和爸爸、妈妈一起晨练，晚上一起出去散步，远比一个人跳绳或跑步有意思。也可以和同学约好，每天在固定的时间运动，打球、跑步均可，在锻炼中一块挥汗如雨，一起分享游戏的快乐。

心理学小课堂

　　心理学家研究发现，人在适度运动后，多巴胺水平明显上升。多巴胺是人脑中的神经递质，能有效传导兴奋信息，使人产生愉悦感和幸福感。多巴胺含量过低时，容易引发抑郁情绪。可以毫不夸张地说，人的积极情绪基本是由多巴胺控制的。热爱运动的人因为可以分泌更多多巴胺，往往比较开朗乐观。反之，从不参加运动的人，多巴胺的分泌会受到影响，不容易体验到快乐的感觉。也就是说，适度参加运动，不仅对身体健康有好处，还对心理健康有益。

　　小朋友面临学习上的压力，生活中也有很多小烦恼，平时无法有效排解压力，负面情绪积压过多，很有可能患上心理疾病。为了刺激多巴胺的分泌，以增强自己的抗压能力，我们要克服自身的惰性，自觉坚持体育锻炼，努力提升自己的身心健康水平。

计划与行动篇

NO.1

不懂规划，遇事手忙脚乱

小朋友说

我刚刚当上文艺委员，由于太过贪玩，经验不足，又不懂规划，差点把班上最重要的活动搞砸了。表演临近开场，道具还没有准备齐全，音响设备出了故障，表演节目的同学突然肚子疼，没有替补者。我手忙脚乱地补救，结果越弄越糟，好在老师及时赶来救场，才化解了危机。事后老师批评我缺乏组织能力，不懂事前规划。我十分惭愧，觉得以后再也不能走一步算一步了，什么事情都得提前布置安排。

心理疏导

小朋友，不会规划，把事情做成的概率就会降低50%。人生好比一场旅行，只有出发前规划好路线，把一切安排妥当，才能悠闲地欣赏风景，收获美好的心情。没有任何规划，路线错误，步伐混乱，不仅不能顺利抵达目的地，还会把事情弄得一团糟，导致自信心受挫。所以，我们在做事前要学会规划，不要任凭事情自由发展，也不能等着别人替自己安排，只有这样我们的人生路才会更加顺畅。

不良心理反应

我不会规划,让爸爸、妈妈和老师替我安排好了。	按计划做事太无聊了,不如全都顺其自然。	我懒得规划,还是得过且过吧。

积极心理暗示

01 我不能事事依赖别人,得学会自己规划。

02 按照计划行事,才能保证事情顺利进行。

03 有些事情得提前安排,不能偷懒。

行动指南

❶ 制订时间计划表

对于小朋友来说，上学阶段每天要做的事情差不多，但也有微小的差异，因此我们每天都要制订一份时间计划表。今日计划表的制作十分简单，把当天必须做的事情（比如上课、写作业）和希望做的事情（比如享受美食、到同学家玩耍）列入表格，标注起始时间和终止时间即可。把计划表夹在课本中，每日翻阅，让自己严格按照计划表执行。

❷ 精简目标

英国逻辑学家曾经提出了奥卡姆剃刀原理，即如无必要，不要增加任何东西。意思是做什么事都要学会做减法，不必要的东西统统可以剔除。做计划也是一样，当我们有重要事情要做的时候，将可做可不做的事情从计划表中剔除，可以节省更多时间，完成我们必须达成的目标。这样，在游刃有余的情况下做事，手忙脚乱的情况就不会出现了。

❸ 佩戴儿童专用的电子表

钟表可以让我们敏锐地感觉到时间的流逝，是我们掌握时间的一个绝佳工具。我们可以考虑佩戴一款儿童专用的手表，让醒目直观的数字随时提醒我们此时是几点几刻，以方便我们更好地规划生活。

心理学小课堂

　　心理学家认为，自我规划是衡量自我管理能力的一个重要标准。我们知道如何管理自己的时间，如何完成必做的事情，能够妥善地安排好自己的学习和生活，就能获得极大的自由和满足感，同时自信心会得到很大提升。然而自我规划并不是那么容易做到的。在学校，我们的生活是非常有规律的，因为我们一直遵照学校的课程表进行相关科目的学习。可到了课余时间，没有人帮我们安排，就非常考验我们的自我规划和自律能力了。那么我们该怎样提升相关能力呢？

　　一、按时做事，让生活变得有规律。

　　二、控制玩耍的时间。

　　三、学会利用表格制订规划，让一切井然有序。

　　四、充分利用周末和其他空闲时间，学会自我管理。

NO.2

如何解决光想不做的问题

小朋友说

新学期开始,我有很多计划,比如每天早上踢足球,锻炼身体的同时减肥5千克,再比如晨练之后背诵10个以上单词或朗读一篇课文。可是开学以后,我懒得跑步,也懒得学习,每天起得很迟,所有计划都泡汤了。妈妈说我是"思想上的巨人,行动上的矮子"。其实我也不想这样,可是改不了光想不做的毛病。有些事想想很美好,执行起来却很有难度。

心理疏导

光想不做是因为动力不足,缺少主观能动性。简单来说,就是克服不了懒惰的毛病,没有行动力。很多成年人也有同样的问题。你碰到这样的问题,可能是因为没有做成某件事的强烈渴望,认为计划可执行可不执行,不在乎它是否能转化成现实。要想解决这个问题,必须从态度上入手,先端正态度,再积极投入行动,鞭策自己一定要执行计划。

不良心理反应

- 我有很多想法，只是没有付诸实践而已。
- 我每天告诉自己要行动！行动！可我就是动不起来啊！
- 其实做白日梦也挺好的，白日梦不一定非要实现。

积极心理暗示

01 我不要再给自己找借口了，是时候行动起来了！

02 有了耕耘，才有收获，从现在开始，我要努力付出。

03 我不能陶醉在幻想中，一定要把好的想法变成现实。

⭐ 行动指南

❶ 找一个同频的朋友

如果我们的学习计划和生活计划恰好和身边的朋友一致，双方处在同一个生活轨迹和生活频道上。与其各自行事，不如共同完成目标。假如你的朋友是一个行动力非常强的人，无疑会带动我们跟着一起行动。

❷ 从最容易做到的事情做起

原计划每天跑步20分钟，难度太大，有了想放弃的念头，我们可以适当降低难度，从每天坚持跑步5分钟开始，等到自己完全适应了，再提升难度，把跑步时间延长到10分钟。原计划每天阅读10页书，觉得压力大，我们可以从每天阅读1页开始，以后再慢慢增加页数。

❸ 让身体反作用于精神

大多数情况下，我们习惯让精神控制身体，其实可以反其道而行之，让身体反作用于精神。我们光想不做，是因为想得太多，在思考上花费了太多时间，在行动上付出的时间和精力为零。我们可以驱动自己的身体立刻行动，不再纠结于各种无用的想法，有了行动力，再去纠正做白日梦的问题。

心理学小课堂

很多人喜欢幻想，不愿意付出任何行动，心理学家认为，这种现象和人脑的运行机制有关。人在幻想时，大脑会模拟成功的假象，人的心跳和呼吸会随之发生变化，生理反应与真正行动时一致。所以，我们在头脑中预想成功时，我们的大脑真的以为我们已经成功了，然后会进入一种放松惬意的状态，不想再行动了。也就是说，人们可能因为满足于白日梦，丧失了行动的欲望。

那么怎么解决这个问题呢？最有效的办法莫过于加强自我管理，不让自己沉浸在幻想的世界里。脱离了虚假的幻象，我们才能回到现实世界中，才能拥有行动的欲望。行动起来，计划就不会成为一张白纸。只要在执行过程中，严格要求自己，按照计划去做，曾经的美梦就有可能转化为现实。

NO.3

做事虎头蛇尾，没法坚持到最后

小朋友说

我是个很有主见很有想法的学生，课余时间都是自己安排的，爸爸、妈妈很少插手。前一段时间，我迷上了踢球，每天放学都要到操场上练习，坚持了一个月，然后不想踢了；后来我又对手工制作产生了兴趣，连续两个礼拜都在研究动力小帆船，结果没成功，不想继续做了。妈妈说我做事没有常性，干什么都虎头蛇尾，这样下去，将来什么事都干不成。

心理疏导

我们开始谋划某事时，都是下了很大决心的，干劲也非常足，可真正去做时，坚持一段时间，便丧失了兴趣和动力，再也不想继续努力了。这是比较普遍的一种现象。古人云："善始者众，善终者寡。"意思是一件事开始参与的人很多，但能坚持到最后的人却很少。要做到善始善终并不容易，如果你能一直坚持做一件事，那么就已经超越大多数人了。

不良心理反应

- 一直做一件事情多没劲呀,我还是换件更有意思的事做吧。
- 我没耐心,不想坚持了。
- 我是因为好奇心才尝试的,现在不想浪费时间了。

积极心理暗示

01 只有坚持,才能有所成就。

02 坚持到底就是胜利,我不能半途而废。

03 好奇心消失了,继续坚持一段时间,也许我还能从中找到更多乐趣呢。

行动指南

❶ 坚持不下去时，再坚持一下

长期坚持一件事，需要练就一颗恒心。定力不足时，我们会觉得难以坚持，进而产生知难而退的想法。其实，坚持不下去、想要放弃时，我们只要再坚持一下，就有可能克服困难，走向终点。有时候，前进还是放弃只是一念之差，在自己意志力最薄弱、信念开始发生动摇时，咬牙坚持一下，熬过最艰难的时期，就能迎来柳暗花明。

❷ 制订阶段性的小目标

执行中期和长期目标，时间太长，很容易厌倦。我们可以试着制订阶段性的小目标，这样在短时间内我们看到成效，对自己的认可度将大大提升。随着一个个小目标相继实现，我们的成就感也在不断累积，自豪感油然而生，就不会产生半途而废的念头了。

❸ 参加体育运动，锻炼意志力

做事不能善始善终，是意志力不足导致的。研究表明，参加运动对于增强意志力有明显的效果。以踢球为例，我们在球场上奔跑、争夺，既要面对强大的对手，又要挑战自我。在和小伙伴的对抗赛里，比拼的不仅仅是技术和体力，更是意志力。为了赢得赛事，我们不敢有丝毫懈怠，总是要坚持到最后一秒钟。因此，经常参加此类活动，我们的意志力必然能得到很好的锻炼。

心理学小课堂

为什么坚持到底很困难,大多数人会半途而废呢?心理学家认为这是半途效应导致的。半途效应指的是在计划执行到一半时,由于环境和心理因素相互作用,导致半途而废。也就是说目标完成一半时,我们的心理状态会进入一个非常敏感和脆弱的时期,如果我们意志力不够坚定,自控能力不足,就会在半途停下来,让之前的努力全部白费。

产生半途效应的原因有很多,比如选择的目标和自己的能力不匹配,在执行过程中遇到了很多阻力,缺乏意志力,或者丧失了兴趣。克服半途效应的办法有以下几种:

一、调整目标,使目标更加合理化。

二、采用先易后难的顺序执行计划,不断激励自己。

三、加入一些新鲜元素,让计划变得丰富有趣。

NO.4

我还小，需要规划未来吗

小朋友说

我今年 11 岁，每天除了上学，就是玩游戏、看动画片，对未来一点规划也没有。我学习不算太好，也没什么上进心，妈妈经常在我耳边唠叨："现在不努力，看你长大了以后能干什么。"我也不知道将来能干什么，只是觉得自己年龄还小，没有必要考虑那么长远。妈妈却说努力要趁早，现在没有志向，以后也不会有出息。她说的对吗？

心理疏导

常言道，立志要趁早。有了明确的人生目标，对未来有了期许，才知道自己脚下的路要怎么走。虽然我们现在正处在思想启蒙阶段，能力和学识都不足以支撑高远的理想，但我们所做的每一分努力，都是在为将来打基础。我们按照计划一步步朝目标迈进，扎扎实实地学好技能，才能拥有美好的未来。

不良心理反应

我还小，过好今天就行，不必考虑未来。

未来的事谁能预料呢？规划也是白规划。

长大以后的事，等我真正长大了再说，现在不用操心。

积极心理暗示

01 我虽然还小，但也不能只看眼前，该有一些长远打算了。

02 我要做个有志向的人，从现在开始就要规划未来。

03 未来是今天的延续，我要把握今天，掌控未来。

行动指南

❶ 培养独立意识

习惯被动地接受父母的安排，没有独立思考的能力，没有独立意识，是不可能找到自己的人生方向的。要想找到未来的道路，必须摆脱对父母的依赖，尝试着自己的事自己安排。先要有独立的想法，然后再培养独立行动的能力，等到你真正实现人格独立，就能更坚定地追求自己的人生理想了。

❷ 树立理想，在理想的导引下前行

理想是人生的航标，指引着你未来的方向。有了理想，你才有前进的动力，才能找到生命的意义。虽然现在的你心智不够成熟，树立的理想可能与未来的职业发展不相关，但稚嫩的理想也能绽放光芒，它可以鞭策你刻苦学习，坚持朝一个目标奋勇前进。不管你的理想能否实现，你都会将自己塑造成一个优秀而非同凡响的人。

❸ 制作一个时间胶囊献给未来的自己

找一个耐腐蚀的容器，可以是玻璃瓶、金属罐，也可以是陶器。给未来的自己写一封长信，把所有美好的设想都写进信里，用联想的方式与未来的自己展开一段奇妙的对话，预想一下未来的自己是什么样子，正在从事什么职业，生活得如何。长信写完之后，放进容器，埋入地下，待自己长大成人以后取出。这个"时间胶囊"承载的便是你对未来的规划，它将使你的思路更加明晰，可能比任何计划书都管用。

心理学小课堂

哈佛大学有项研究发现，目标对人的一生具有重要影响，拥有清晰长远目标的人更容易成功，目标模糊或没有目标的人，大都比较失意，一生碌碌无为。因此，及早设定目标，及早谋划未来是十分必要的。心理学家认为，对未来的规划不能简单地等同于职业规划，人在成长的每个阶段，都有自己的任务和课题，获得了相应能力之后，才能迎接新的任务和课题，才能拥有新的规划。

作为一个14岁以下的小朋友，也许不清楚自己将来会成为什么样的人，但并不意味着我们不能提早谋划未来。如今，我们已经有了自我的概念，也知道自己喜欢什么，想要过怎样的生活。因此，我们不必等到长大成人以后，再规划未来，现在就可以给自己制订人生目标了。